AF199286

Theoph. A. Schneider

Zur Lehre vom Versuch

Mit Betrachtung unserer Rechtszustände

Theoph. A. Schneider

Zur Lehre vom Versuch
Mit Betrachtung unserer Rechtszustände

ISBN/EAN: 9783743612655

Hergestellt in Europa, USA, Kanada, Australien, Japan

Cover: Foto ©Suzi / pixelio.de

Weitere Bücher finden Sie auf **www.hansebooks.com**

Zur Lehre vom Versuch.

Mit Betrachtung

unserer Rechtszustände

herausgegeben

von

Theoph. A. Schneider,
Amtsgerichtsrath.

> Täuschen Sie sich darüber nicht, die
> Massen des Volkes haben reinere und
> klarere Rechtsbegriffe als diejenigen
> Schichten, die sich alle Tage mit der
> Handhabung des Rechts beschäftigen.
> **Windthorst.**
> (Sitzung des Abg.-Hauses am 3. Juni 1890).

Breslau.
Verlag von Wilhelm Koebner.
(Inhaber: M. & H. Marcus.)
1896.

Scriptum II

mittit editor ad cupidum legum juvenem filium

Friedericum

artis aequi et boni studiosum.

Justinianus de conceptione digestorum scriptis mandavit haec:

Reperimus omnem legum tramitem, qui ab urbe Roma condita et Romuleis descendit temporibus, ita esse confusum, ut in infinitum extendatur et nullius humanae naturae capacitate concludatur.

Sed manibus ad caelum erectis et aeterno auxilio invocato eam quoque curam nostris reposuimus animis, deo freti, qui et res penitus desperatas donare et consummare suae virtutis magnitudine potest.

Cui pio divi imperatoris desiderio nostris quoque temporibus peraeque respondeant et summi in novo jure civili subeundi labores et — muneris mei modesta intentio.

Q. D. B. V.

1*

I.

Vorwort.

„Ein schlichter Sinn geht durch die Truggebilde
Der Afterweisheit seinen festen Schritt."

Die Veranlassung zu der nachfolgenden Veröffentlichung
hat eine Erörterung in juristischem Kreise gegeben, in der
gegenüber der Negirung des Begriffs der Rechtswissenschaft
überhaupt, sowie gegenüber der Auffassung, dass die Rechtswissenschaft den Richterspruch stets beherrschen müsse, der
Herausgeber die Ansicht vertreten hatte, dass gegebenen
Falls mit der Rechtslehre gebrochen werden dürfe, wenn nur
dem Recht in concreto Geltung verschafft werde.

Der Herausgeber erachtet die veröffentlichte Prüfungsarbeit
für geeignet, seine Ansicht zu bestätigen, und schickt dem Ab-
druck derselben das gegenwärtige Vorwort voraus.

Mit Bangen sieht die Nation die Hochfluth der Angriffe,
die in unserer Zeit gegen die Ergebnisse der gerichtlichen Praxis
sich erheben. Tageblätter, Zeitschriften und Einzelschriften behandeln in unausgesetzter Folge und stetem Wechsel die Fragen,
ob jene Ergebnisse der nationalen Rechtsüberzeugung entsprechend
seien, und an welchen Stellen und mit welchen Mitteln eine Um-
gestaltung herbeizuführen sei.

Eine so nachhaltige Bewegung wird sich nicht eindämmen
lassen mit der Behauptung, dass lediglich Auswüchse der Presse
vorlägen: in einer solchen Behauptung wird die elementare Kraft

der Bewegung, wird das nationale Aufbäumen völlig verkannt; einer solchen Behauptung gegenüber muss es als zweifellos bezeichnet werden, dass alle jene Erörterungen stets die Feststellung irgend welcher Missstände im Rechtswesen zum Ausgangspunkt haben, die nach ihren Ursachen — soweit möglich, denn der Stein der Weisen wird auch in der Rechtswissenschaft nicht gefunden werden — zu erforschen sind.

Nun ist es zwar äusserst schwierig, die Kraftrichtung mit Sicherheit zu bestimmen, mit der die Wogen gegen das nationale Rechtsschiff anstürmen und mit der sie, zumal in dem engen Fahrwasser der Gesetze, das Schiff aus dem Kurs zu treiben drohen, denn der naturgemässe Rückprall erzeugt jene gefährliche Rückströmung, die, um in dem gebrauchten Bilde zu bleiben, von dem besorgten Seeschiffer als „Sog" bezeichnet wird und die erfahrungsgemäss in unberechnete, oft auch unberechenbare Untiefen treibt. — Wer wollte, wenn gefordert würde, dass die Justizverwaltung in allen Richtungen reformiren solle, in denen die Angriffe und Vorschläge sich ergehen, wer wollte behaupten, dass es überhaupt möglich sei, alle Vorschläge auf ihren Gehalt an sich sowie auf ihre Konstellationen zu anderen Gebieten erspriesslich zu prüfen? Ein geistiger Herkules wäre hierzu nicht im Stande. — Man verfolge aus den letzten Jahrzehnten, um kurz bei der Stellung der parlamentarischen Körperschaften zu verweilen, die Berathungen über das Justizressort und über die anderer staatlicher Ressorts, und man wird auch nicht annähernd finden, dass die Beamten dieser anderen Ressorts so nachhaltig einer Kritik über ihre Vorbildung und über ihre Fähigkeiten und Leistungen unterworfen worden wären, wie die richterlichen Beamten? Wann wird in gleichem Masse, wie bei der Justiz, darüber abgehandelt, dass die Ausbildung der Beamten der allgemeinen Landesverwaltung, der Forst, der Post, des Baufachs dringend einer Reform bedürfe, da ihre Leistungen nicht den gestellten Erwartungen entsprächen? — — Bei der Justiz wird in unausgesetzter Folge — jede Berathung bringt Neues — erörtert:

— das Universitätsstudium sei mangelhaft; die Ausbildung
    in der gerichtlichen Praxis sei eine unzureichende,
wobei von Einigen der Vorwurf des Verschuldens gegen die Professoren und die mit der Leitung des Vorbereitungsdienstes be-

trauten Richter, von Anderen gegen die Studenten und Referendare erhoben wird.

— Der junge Richter komme oftmals, ohne eine Spur von Lebenserfahrung zu besitzen, in das Amt,

wobei Viele dann zurückgreifen auf die Familie, in der seine Kinderstube gestanden, auf die geistige Atmosphäre, in der er aufgewachsen.

— Der Amtsrichter an kleinen Orten „verkomme sittlich"; er „verbauere juristisch",

Aeusserungen, an die hinwiederum Zweifel sich knüpfen lassen, ob nicht der Gebrauch derartiger Ausdrücke überhaupt als unwürdig zu bezeichnen, und ob in dem, was man Sittlichkeit und Integrität des Characters nennen könnte, die Tadelnden etwa besonders hervorragen, und ob nicht das juristische Verbauern vorzuziehen sei einem juristischen Erstarren.

— Die Urtheile der Strafkammern seien unsachgemäss und in der Begründung der Urtheile herrsche die Phrase vor; auch liessen die Vorsitzenden bei Leitung der Verhandlung es an Energie, Ernst und Würde fehlen,

wobei dann wieder die Hemmnisse, die Staatsanwalt und Vertheidigung bereiten, hineinbezogen werden. Soweit hierbei — der Herausgeber möchte diese Abschweifung sich nicht versagen — eine förmliche Auflehnung des Staatsanwalts gegen den Vorsitzenden in Frage steht, wird diese Frage in der deutschen Juristen-Zeitung (No. 1 v. 1896) zwar zutreffend dahin beantwortet, dass in einem solchen Falle nach Lage der Gesetzgebung und Rechtsprechung des Reichsgerichts ein Abbruch der Verhandlung stattfinden müsse. Es muss sich aber hieran die weitere ernste Frage schliessen, ob denn nicht der Gerichtshof der Inhaber der richterlichen Staatsgewalt und ob nicht, wenn ein so gearteter Fall etwa in der letzten Sache einer Schwurgerichtsperiode vorkäme, irgend ein Organ des Gerichts, etwa der Präsident, ermächtigt sein sollte, eine geeignete Persönlichkeit als Vertreter der Staatsanwaltschaft zum Zwecke der Durchführung der Sache zu bestellen; eventuell wäre eine baldige Aenderung des Gesetzes angezeigt, denn der bisherige Rechtszustand führt folgerichtig zu dem Satz, dass die Staatsanwaltschaft in der Lage sei, einen Abbruch der Verhandlungen herbeizuführen.

Einen so ausgedehnten Dualismus aber hat die Straf-Process-Ordnung, zumal für gerichtlich eingeleitete Verfahren gewiss nicht statuiren wollen.

— die Unabhängigkeit der Richter habe gelitten, wobei dann wieder von den Einen die Gründe der wahrgenommenen Erscheinung an den verschiedensten Stellen gefunden werden, während von Anderen lediglich unter Hinweis auf die alten Ueberlieferungen des Preussischen Richterthums die Erscheinung überhaupt bestritten wird.

— die Entsittlichung der Nation trage die Schuld, da aus dieser Entsittlichung die Quelle der Meineide fliesse,

wobei der Eine bestreitend den Voreid, der ja denn auch durch die Novelle zur Straf-Process-Ordnung wieder beseitigt werden soll, als diese Quelle ansieht, während Andere die Unklarheit der Fragestellungen, ja der ganzen Verhandlung als Quelle betrachten, ein Anderer wieder vorträgt, dass Ernst und Würde der sittlichen Persönlichkeit des Richters so bannkräftig sein müsse, dass der Meineid überhaupt nicht vorkomme.

— Das Streberthum in des Worts niedriger Bedeutung sei der Stein des Anstosses.

In und neben diesen Erörterungen bewegt sich unzweifelhaft eine lange Reihe von Betrachtungen, in denen der Grenzzug der sogenannten objectiven Behandlung ungewiss erscheint, weil die Person als Träger oder gar Pfleger der beklagten Zustände gedacht und angegriffen werde; deshalb drängt sich oftmals die Ueberzeugung auf, dass Fragen von einschneidender Bedeutung nicht gestellt und nicht gelöst werden, weil dies ohne die Kriterien von Katastrophen kaum möglich wäre. — Nicht ein Jeder ist geneigt, das „weit bessere Verlangen" des Heinrich Heine'schen Grenadiers in Wort und That umzusetzen.

— Soweit übrigens persönliche Begebenheiten — als eine solche erachtet Einer der Mitherausgeber der deutschen Jur.-Zt. „die plötzliche Abreise des bekanntesten Berliner Vertheidigers" — in juristischen Zeitschriften gestreift werden, dürfte doch schon im Interesse des Anwaltstandes selbst eine ernstere Be-

trachtung geboten sein, als wie sie der Mitherausgeber des neuen Blattes anlegt. (No. 1 v. 1896 S. 10).

Mit allen diesen Erörterungen, begleitet von dem Beifall
oder Missfallen der Tagespresse und der periodischen Presse,
gehen Hand in Hand die Gesetzesvorschläge und Anträge, die
auf bessere Garantien in Betreff der Vorbildung, Einschränkung
der Zulassung zur Justiz, strengere Dienstaufsicht, peinliche
Auswahl bei Berufung in höhere Stellen, Einführung der Berufung gegen die Strafkammerurtheile, Entschädigung unschuldig
Verurtheilter, Reform des Strafvollzuges u. s. w. gerichtet sind.

Aus diesen andauernden Angriffen gegen unser Rechtswesen
und insbesondere gegen den Richterstand wird gefolgert werden
dürfen, dass das, was auf den Landtagen vor der Nation ver-
handelt und was so nachhaltig in der Presse vertreten wird,
nichts Anderes ist als der Ausdruck einer nationalen Ueberzeugung oder eines Wissens, dass trotz der äusseren Ordnung
unseres Rechtswesens die Ergebnisse, nämlich die Rechtsprechung,
nicht befriedigten. Die Grundvorbedingung für diese Empfindung,
diese Ueberzeugung, dieses Wissen war die, dass man die
Zeichen der Zeit zu verstehen und das Ergebniss der Gerichts-
verhandlungen auf ihren Werth zu prüfen sich bemühte, m. a.
W. dass man nicht von dem abgezogenen und selbstgefälligen
Standpunkt der Erfüllung des Gesetzes aus die Dinge betrachtete,
sondern von der Prüfung aus, ob in dem Ergebniss eines gerichtlichen Verfahrens der Begriff „recht" verwirklicht worden
sei. Diese Prüfung musste leider oft zu der Erkenntniss führen,
dass die „Wohlthat des Gesetzes zur Plage" geworden sei.

Die angegriffenen Justizbeamten verkennen denn auch wohl
nicht, dass eine Reform geboten sei; aber da sie in der Frage
nach den Ursachen der Schäden und nach dem Umfang und den
Mitteln einer Reform abweichen, bildet sich eben jene

indigesta moles, quem dixere chaos.

Die· Reform des juristischen Examens ist für Preussen
durchgeführt: die Vertreter der Theorie sind als gleichberechtigt
anerkannt. Wer aber möchte mit Sicherheit entscheiden, ob
wir einen Fortschritt gemacht haben? Die Preuss. Justiz-Ver-
waltung hatte bereits 1887 sich skeptisch verhalten und durch
ihre Vertreter im Landtage erklären lassen,

dass die Hundert eingegangenen Besserungs-
vorschläge alle sich widersprächen; es sei daher ein vergebliches Beginnen, zu sagen, die Examina
müssten besser gemacht werden.

Kann denn aber eine derartige Frage in ihren zahllosen
Verzweigungen überhaupt erschöpfend beantwortet werden?
Wird man u. a. nicht wieder weiter zurückgreifen müssen auf
die Frage, ob der Rechtskandidat, um mit Goethe zu reden,
durch das Studium der Alten seinen Geist „zur Tüchtigkeit ge-
stempelt" habe, ob er hier neben nicht auch das höchste Mass
seelischer und sittlicher Ausbildung habe, die ihn an erster und
vorzüglichster Stelle befähigt, mit der Volksrechtsseele in Har-
monie zu stehen, sich stets gegenwärtig zu halten, dass er nur
dann den hohen Beruf — ja ich sage den höchsten Beruf —
ein Priester des Rechts zu sein, wählen dürfe, wenn er mit
Ulpian das Wort jus von justitia benennt?

Wenn nun der Eine über die Jugend, dass sie „faul" sei,
schilt, so schilt ein Anderer (Kade, Preuss. Jahrb. 75 S. 247)
über das Alter und verlangt

> Verjüngung des Preuss. Richterstandes dadurch, dass
> die ganz alten (sic!) Richter jüngeren Kräften Platz
> machen.

Auch hier viel Wahres und viel Falsches! Der Herausgeber hat alte sowohl wie ganz junge Richter kennen gelernt,
die obwohl formaliter genügend ausgebildet, doch ihren Beruf
verfehlt zu haben schienen, da ein gewisser seelischer und
geistiger Indifferentismus grössere Schäden zu bereiten schien
als der Schematismus eines ganz alten Richters. Auch haben
ganz alte Leute ihren „Faust" erst nach vollendetem 70. Lebens-
jahre abgeschlossen. —

In derselben Zeitschrift (Bd. 75 S. 97) vertheidigt ein
Rechtsanwalt seinen Stand gegen die Angriffe, dass die Rechts-
anwälte den „Zwischenhandel in der Justiz" betrieben; in einer
andern Abhandlung (Stenglein, Wider die Berufung) wird wört-
lich erklärt:

> Es läge dem Verfasser fern, in der Agitation der An-
> wälte für Berufung den Ausdruck schnöden Eigen-
> nutzes zu erblicken, den Wunsch, doppelte Gebühren

zu erheben; dieser Wunsch möge bei Einzelnen mitgewirkt haben!!

Wieder Andere schreiben der Staatsanwaltschaft einen verderblichen Einfluss auf die Justiz zu, während Andere wieder die Schuld an den schlechten Rechtszuständen auf die juristische Minderwerthigkeit des Richterpersonals zurückführen, wie sie früher nicht bestanden habe.

Daneben der Ruf nach besseren Bürgschaften für die Entscheidungen, insbesondere nach Erweiterung der Rechtsmittel. Soweit die Berufung gegen die Strafkammerurtheile in Frage, sind die gewichtigen Warnungsstimmen aus dem Kreise der richterlichen Beamten und dem der Rechtslehrer ja nicht zur Geltung gekommen. Sollte nicht eine Enquete darüber angängig sein, ob und zu welchem Prozentsatz etwa die abändernden Urtheile der landgerichtlichen Berufungskammern auch die sachgemässeren gewesen sind? — Zumal nach Seiten der Thatfragen ist schwer einzusehen, dass die Berufungskammern mit drei Fachrichtern bei einem durch die Zeit oft verwischten Beweisbilde stets das Bessere erkennen sollten gegenüber dem Urtheile eines Fachrichters und zwei lebenserfahrenen Laien.

Daneben auch die Klagen über die Arbeitslast vieler Richter und Zweifel an der Zuverlässigkeit der Grundlagen zur Beurtheilung der Arbeitslast, daneben auch die Klagen über unzureichendes Gehalt und unzureichenden Rang, insbesondere im Verhältniss zu anderen Beamtenklassen. In letzterer Beziehung dürfte die richterliche Thätigkeit nach Art, Umfang und der realen Verantwortlichkeit Vergleichungspunkte überhaupt kaum bieten. Uebrigens bedürfen Männer, die berufen sind, als sacerdotes im hohen Heiligthum des Rechts zu stehen, eines besonderen Ranges überhaupt wohl nicht. — Wird diese Anschauung allseitig recht befestigt, so wird der niedere Witz der Wochenblätter sich auch nicht heranwagen an das deutsche Richterthum, dessen Ehre dann auch nicht durch Beleidigungsprocesse reparirt zu werden brauchte.

Alle diese peinlichen Erörterungen, die schon an sich das Ansehen des Juristenstandes beeinträchtigen, und die, da sie der Regel nach von widerstreitenden Gesichtspunkten ausgehen, der Regel nach unversöhnlich sind, alle klingen in Einem zusammen, alle klingen verzweifelnd aus: fuimus Troes! überall

wird der Niedergang des deutschen Richteramts als Thatsache
vorausgesetzt, und überall ist das ceterum censeo auf durch-
greifende Reform gerichtet. Die „Deutsche Juristen-Zeitung",
die sich als neue Zeitschrift im Jahr 1896 eingeführt hat, spricht
in einer Leitbetrachtung des Professor Laband unumwunden aus:
Die Gerichte, geschweige denn die staatsan-
waltschaftlichen Behörden, sind nicht populär.
Die Zeiten sind vorüber, in denen man in dem
Richter den Hort der persönlichen Freiheit,
den Beschützer gegen unrechtmässige An-
forderungen, den Helfer in unverschuldeter
Bedrängniss sah.
Auch darüber sind wohl die Meisten einig, dass — abgesehen
von einer Reihe verzweigter Gründe, die auf andern Gebieten
liegen — die nicht befriedigenden Ergebnisse der Rechtsprechung
zurückzuführen sind auf die abstracte Anwendung posi-
tiver Rechtsnormen und Lehrsätze in der Beurtheilung
des concreten Falls und auf die Unfähigkeit und Unselbst-
ständigkeit in der richterlichen Bildung des Rechts. Hiermit gelange ich mediam in rem der Gründe, die zu der Veröffentlichung der abgedruckten Arbeit geführt haben, und die in
der eingangs dieses Vorworts erwähnten collegialen Erörterung
von dem Herausgeber vertreten worden sind.

Man ist seit Jahren einen allzu ausgedehnten schädlichen
Assimilationsprocess zwischen Doctrin und Juristenrecht einerseits und der Praxis andererseits eingegangen, einen Process,
der durch den Zusatz eines von dem berühmten Berliner Rechtslehrer angebotenen chemischen Urstoffs, durch die „Phantasie
im Recht" von Dr. Heinrich Dernburg wahrlich nicht gelöst
werden wird. Savigny ist eben unmodern geworden, und die
Ehrenrettung, die, dem φαντάζομαι gegenüber, der historischen
Schule aus der berufenen Feder eines Eccius (Gruchot 1894
I. 746) zu Theil geworden, kann die Thatsache nicht ändern,
dass eine sehr grosse Anzahl unserer Juristen Savigny's Schrift
„vom Beruf unserer Zeit für Gesetzgebung und Rechtswissenschaft" überhaupt nicht kennt. — Weil aber Savigny unmodern geworden, wird oftmals die völlige Unfähigkeit erkennbar, abseits der Heerstrasse der Gesetzgebungscommentare
einen Geistesflug zu machen. Oft feiert der homunculus seine

Triumphe und als Merkmale des „feinen" Juristen können heute
die gelten, dass seine Entscheidungen in strictem Widerspruch
mit der nationalen Rechtsüberzeugung, oft mit dem Lehrsatz
vom gesunden Menschenverstande stehen, dass sie — kurz sei
es gesagt — der Regel nach das Falsche treffen.

Den Nachweis, dass es weder gerathen ist, die
Jurisprudenz als Wissenschaft überhaupt zu negiren,
noch gerathen, ihre Alleinherrschaft anzustreben,
dass vielmehr grade hier der Rath „medio tutissimus ibis" am
Platze, glaubt der Herausgeber — wie anderweit durch eine
Abhandlung „über die positiven Rechtsnormen und über die
Natur der Sache" — so theilweise durch die nachfolgend
abgedruckte Abhandlung zu führen.

— — — Als im Jahre 1868 das betreffende Thema — soweit
bekannt — an 12 Rechtskandidaten ertheilt wurde, wusste Jeder
derselben, dass nach Lage der „Rechtslehre", das Dingen eines
Lohnmörders gemäss der Begriffsbestimmung des § 31 Preuss.
Straf-Ges.-Buchs straflos bleiben solle. Gleichwohl unternahm
der Verfasser der nachfolgenden Abhandlung, da er die Auffassung der Doctrin für eine unrichtige hielt, für die Strafbarkeit einzutreten:

— Quid ergo? Audacissimus ego ex omnibus? — Ita fit,
ut adsint propterea, quod officium sequuntur, taceant
autem idcirco, quia periculum vitant. (Pro Roscio).

Desshalb hatten auch alle Mitkandidaten, die von dem
„Unternehmen" Kenntniss erlangt hatten, demselben das Pro-
gnosticon des völligen Fiasco gestellt. Man hatte hierin sich
getäuscht; der betreffenden „wissenschaftlichen" Arbeit wurde
die nachstehende Censur der Immediat-Justiz-Examinations-
Commission zu Theil:

Unter den sämtlichen Kandidaten, welche das nämliche
Thema zur Bearbeitung erhalten haben, ist der Verfasser der
gegenwärtigen Abhandlung der Einzige, welcher sich — im
Widerspruch mit der herrschenden Ansicht — für die Zulässig-
keit der Bestrafung der erfolglosen Anstiftung zu einem Morde,
nicht bloss nach Gemeinem Deutschen, sondern auch nach
neuerem Preussischen Strafrecht ausgesprochen hat. Je ge-
wagter dies Unternehmen, insbesondere in letzterer Beziehung,
erscheinen konnte, in welcher es sämtliche Autoritäten gegen
sich hat, desto schwerer wiegt das dem Verfasser nicht zu ver-

sagende Anerkenntniss, dass er die Schwächen der gegnerischen
Raisonnements richtig bemerkt und mit eindringender Schärfe
blos zu legen verstanden hat. Mögen sich gegen die Deductionen des Verfassers auch einzelne Ausstellungen erheben
lassen und wäre in mancher Beziehung auch eine fleissigere
Durchführung des Details zu wünschen gewesen, so ist doch
die Schärfe und Selbständigkeit des juristischen Urtheils eine
so hervortretende und das Gewand, in welches der Verfasser
seine Deductionen einzukleiden gewusst hat, ein so ansprechen-
des, dass der Arbeit das Prädicat u. s. w.

Die zweite, schönere Befriedigung wurde dem Verfasser
dadurch zu Theil, dass, als nach Fertigstellung der Arbeit der
Verfasser die Frage, ob es strafbar sei, wenn Jemand einen
Lohnmörder dinge, an genau 12 urtheilsfähige Laien
richtete, die Antworten durchgehend bejahend lauteten!

Wenig Jahre gingen hin, als aus Anlass des Falles Duchesne
(Belgiers) dem Verfasser die dritte Genugthuung bereitet wurde
dadurch, dass man sich vor einer „Lücke" glaubte, und dass
diese Lücke — zumal systematisch, durch die 1876 er-
folgte Aufnahme der betreffenden Strafbestimmung (§ 49 *)
unter den Abschnitt von der Theilnahme — so unzureichend
ausgefüllt worden ist, dass man die Zweifel an dem Beruf unserer
Zeit für Gesetzgebung aufnehmen möchte, so unzureichend, dass
auch Berner (Lehrbuch 17. Aufl. S. 170) seinen Tadel mit der
Frage abschliesst:

Sollte Deutschland wirklich ausser Stande gewesen sein,
den Belgiern durch ein reiferes Gesetz zu antworten?

Die Beurtheilung, die das Reichsgericht, die auch in
allerneuester Zeit ein Rechtslehrer (Lenz in Liszts Zeitschrift für die gesamte Strafrechtswissenschaft. Jahrg. 1896
Heft 1) an den Satz „in maleficiis voluntas spectatur" aus-
dehnend anlegt, sollte doch auch unseren Instanzgerichten das
Bewusstsein selbstschöpferischer Kraft und den Muth der Ueberzeugung gewähren!

Der Herausgeber überlässt der Beurtheilung der Leser, ob
der Verfasser der Abhandlung dabei, dass er die Ansicht der
Doctrin für den gegebenen Fall nicht anerkannt, nicht doch
wissenschaftlich gehandelt haben könne. Noch jetzt stehen wir
vor derselben Lücke, — dies rufe ich denen zu, die sich des
Gesetzes und der Wissenschaft rühmen — vor eben derselben

Lücke, sage ich, stehen wir, wenn wir den schwersten Frevler gegen das Leben, denn er ist zugleich ein elender Feigling, der in gewinnsüchtiger Absicht, um einen durch heilige Bande mit ihm verbundenen Verwandten zum Zwecke der schnelleren Beerbung aus der Welt zu schaffen, einen zuverlässigen Lohnmörder für schweres Gold dingt, aus § 49 ª R. St. G. B. mit Gefängniss bestrafen sollen, während wir doch nach dem inneren Strafsystem des Deutschen St. G. B. die Zuchthausstrafe anwenden müssten. Hic salta!

Eine Nation darf nicht, ohne sich selbst den Abgrund nationalen Verfalls zu graben, mittels allgemeiner der missverständlichen Anwendung unterworfener Lehrformeln, wie „nullum crimen sine lege" den Begriff „Recht" in crassen Widerspruch stellen mit dem Begriff „Moral", — eine Betrachtung, mit der die Abhandlung, die im Uebrigen selbstredend unverändert, auch mit ihren Schwächen, wiedergegeben worden ist, schliesst. —

Wenn wir zu jenem nationalen Schaffen die schöne Erkenntniss und den festen Willen haben, so wird das deutsche Richteramt, innerhalb dessen nie ein Mitglied mehr als primus inter pares sein sollte,

> — in achtunggebietender Rechtspflege im Sinne der
> Kaiserlichen Thronrede vom 18. Januar 1896

das Vertrauen der Nation wiedergewinnen und dabei doch echt wissenschaftlich handeln können; und wenn ja die Vertreter der Doctrin ihr Herrschaftsgebiet zu sehr gefährdet sehen sollten — eine Besorgniss, die bei der eingangs dieses Vorworts erwähnten Erörterung ausgesprochen wurde — so werde ich ihnen mit den Worten antworten, die Einer ihrer Vertreter, die Felix Dahn, „der Deutsche", gelegentlich gesprochen hat:

> Sie scheinen mir nämlich bisher fast Alle in der Lehre vom Sittlichen zu viel Gewicht auf die theoretische und idealistische Seite gelegt und den unwillkürlichen Impulsen der natürlichen Menschenanlage zu wenig Recht eingeräumt zu haben; mir ist klar geworden, dass für ein sittliches und gedeihliches Leben auf die angeborene gesunde Natur mehr ankommt, als wir Herren vom Katheder bisher anerkannt haben.

Warum sollte nicht ein deutsches Richteramt, das vor Jahrhunderten kräftig genug gewesen ist, die Rechtsnormen der fremden Römischen Nation zur Anwendbarkeit geeignet zu erachten, warum sollte nicht ein rechtbildendes deutsches Richteramt kräftig genug sein, in unseren Tagen, in dem Zeitalter der „Aufklärung", den Lehrsatz von Congruenz des Rechts und der Moral im concreten Falle aufzurichten! Ein so gebildetes, aus der Natur der Sache als aus einer Rechtsnorm gewonnenes Recht muss mit den höchsten Principien des Gesetzes selbst sich immer decken, wie denn auch Justinian ein anderes als die Verwirklichung der tria praecepta juris nie gewollt hat.

Und nun noch eine Bemerkung zur Sache selbst: — Der Herausgeber bezweifelt, dass, wenn gegen den Dinger eines Lohnmörders die Merkmale des Versuchs festgestellt würden, unter allen Umständen das Reichsgericht einen Revisionsgrund annehmen würde. — Wo, fragen wir, soll für die thatsächliche Beurtheilung des Anfangs der Ausführung Seitens des Verbrechers der Unterschied liegen, ob der Verbrecher dem fliehenden Opfer eine Kugel nachsendet oder den Dolch des Lohnsclaven? —

Dass die Veröffentlichung einer Prüfungsarbeit in den Rechtsschutzgrenzen der Lehre vom geistigen Eigenthum stehe, ist mir unbedenklich erschienen; darum

    — ich schliesse mit einem Wort von Friedrich Carl
    v. Savigny —

darum ist es nicht Anmassung, sondern recht und gut, wenn Jeder, der ein Herz hat für seinen Beruf und eine klare Anschauung von demselben — (der Herausgeber glaubt Beides zu haben) — diese Anschauung öffentlich mittheilt, und die Rechtsgelehrten dürfen darin am Wenigsten zurückbleiben.

Glatz, im Januar 1896.

                                            S.

II.

Ist nach den Vorschriften des Preussischen Strafgesetzbuchs von 1851 der erfolglos gebliebene Versuch, einen Andern zur Begehung eines Mordes zu dingen, strafbar? — Wie würde diese Frage nach den Vorschriften des Tit. XX Theil II Allg. Land-Rechts und nach dem Gemeinen Deutschen Strafrecht zu beantworten sein? —

(Thema No. 583, gestellt von der K. Immediat-Justiz-Examinations-Commission im Sommer 1868). —

Die Aufgabe des Strafprozesses besteht in der Anwendung der gesetzlichen Strafe auf Grund vorgängiger Feststellung des Thatbestandes eines Verbrechens im weitesten Sinne. Zur Feststellung des Thatbestandes gehört einmal die Ermittelung eines praesumtiv rechtswidrigen[1]) äussern Ereignisses, und so-

---

[1]) Die Bezeichnung „objectiver und subjectiver Thatbestand des Verbrechens halte ich für unjuristisch, werthlos und gefährlich: — Unjuristisch, weil erst durch das rechtskräftige Erkenntniss festgestellt wird, dass ein Verbrechen verübt ist; bis dahin liegt nun objectiv eine Verletzung, ein Schaden vor, von welchem es noch zweifelhaft ist, ob derselbe dem Thäter zugerechnet werden wird, ob derselbe sich als rechtswidrige Verletzung, als Verbrechen darstellt. — Nach dem rechtskräftigen Erkenntniss kann jene Unterscheidung selbstverständlich keinen Werth haben. — Gefährlich ist es, von dem objectiven Thatbestand eines Verbrechens zu reden, weil dabei die Unbefangenheit des Urtheilers sehr wohl beeinträchtigt werden kann; wer von dem Dasein eines Verbrechens ausgeht, wird auch das Vorhandensein eines Verbrechers annehmen, und wird geneigter sein, das Schuldig auszusprechen. Eine Bestätigung hierfür findet sich in den Gefahren, welche der Rechtspflege aus der Ausübung der Volksjustiz erwachsen; aus einem zerstückelt vorgefundenen Leichnam darf man noch nicht auf die Existenz eines Verbrechens schliessen: die That kann von einem Wahnsinnigen begangen sein. —

dann die Ermittelung der rechtswidrigen Thätigkeit eines Menschen, durch welche jenes Ereigniss hervorgerufen ist, oder mit andern Worten die Ermittelung eines Schadens als Ausfluss des criminellen Dolus, nach Heffter der bewussten Willkür des Handelns gegen die Staatsordnung im Gebiete der Strafgesetze.[2]) Gelingt diese Ermittelung nach beiden Richtungen hin, so ist der Thatbestand des vollendeten Verbrechens vorhanden.

Tritt bei der Ermittelung zwar die objective Seite, der Schaden, deutlich hervor, nicht aber die Beziehung desselben auf den criminellen Dolus eines Thäters. kann also der, welcher den Schaden verursacht hat, nicht ermittelt oder ihm die That nicht zugerechnet werden, so ist überhaupt kein Verbrechen vorhanden.

Tritt dagegen umgekehrt in einem strafgerichtlichen Verfahren die andere, subjective Seite, nämlich der criminelle Dolus, zu Tage, ist aber objectiv ein Schaden nicht hervorgerufen worden, so entsteht die Frage, ob und inwieweit für sich allein jene bewusste Willkür des Handelns gegen die Staatsordnung mit einer Strafe zu belegen ist, oder ob auch hier überhaupt kein Verbrechen vorhanden ist. Die Beurtheilung dieses rechtswidrig sich äussernden, aber den erstrebten rechtswidrigen Zweck nicht erreichenden Wollens bildet die Lehre vom Versuch; denn Versuch heisst die begonnene, aber nicht zum Ziel gelangte Ausführung des Verbrechens.[3]) Es entspricht also dem Begriff des Versuchs, dass derselbe erfolglos bleibt. Diese Erfolglosigkeit kann in den sehr vielfachen und verschiedenen Stadien des Fortwirkens des rechtswidrigen Willens eintreten. Soweit dieser Wille sich als innere That darstellt, ist er überhaupt nicht rechtswidrig: — die natürlichen Bestandtheile der innern That,[4]) — die Einwirkung des Begehrungsvermögens auf den Willen, wodurch derselbe zur Bewegung angereizt wird, sodann das Entstehen einer bestimmten Absicht, endlich die Entschliessung, darnach zu handeln, d. h. die Absicht zu verwirklichen, -- diese Bestandtheile der inneren That können,

---

[2]) Heffter, Lehrbuch § 65.
[3]) Berner, Lehrbuch § 101.
[4]) Heffter, Lehrbuch § 62.

da ein Hervortreten in die Aussenwelt nicht stattgefunden, das Rechtsgebiet auch objectiv nicht gefährden, können sich nicht als strafbarer Versuch darstellen. Dass soweit die Regel in l. 18 D. 48. 19 „cogitationis poenum nemo patitur" zutrifft, ist wohl noch niemals bezweifelt worden. Tritt dagegen der auf Gefährdung des Rechtsgebiets gerichtete Wille irgendwie erkennbar in die Aussenwelt, so ist es, wenn der erstrebte Erfolg nicht erreicht wird, der Beurtheilung auf Grund der Strafgesetze unterworfen, ob in dem erkennbar hervorgetretenen Willen ein strafbarer Versuch zu finden ist. —

Während hierüber in dem Römischen Recht nur äusserst sparsame Bestimmungen vorhanden sind, hat mit Ausbildung des Gemeinen Deutschen Rechts Wissenschaft und Gesetzgebung es sich angelegen sein lassen, die Stellung des Versuchs im materiellen Strafrecht im ausgedehntesten Masse zu behandeln. — Dem Anatomen ähnlich, welcher einen ihm bis dahin in seinen innern Bestandtheilen noch nicht bekannten Körper mit ängstlicher Sorgfalt secirt, begann die Doctrin, den Rechtsbegriff des Versuchs nach den möglichen Richtungen hin zu zerlegen, und damit wurde den Streitfragen über das Verhältniss der einzelnen abgetrennten Theile zum Ganzen, sowie über das Verhältniss derselben zu andern Rechtsbegriffen Thor und Thüre geöffnet. Es wurde streitig, ob mehr auf das subjective Moment, den rechtswidrigen Willen, zu rücksichtigen, womit denn wieder die Streitfragen von dolus und culpa Hand in Hand gingen, oder ob mehr das objective Moment, d. h. die gefährdete Rechtsordnung, ins Auge zu fassen sei, womit dann wieder Betrachtungen über Idee und Zweck des Staats und daran sich schliessend die verschiedenen Strafrechtstheorien zusammenhängen mochten; endlich welcher Art die Vermittelung zwischen Subject und Object sein müsse, um strafbaren Versuch annehmen zu können.

Unter diesen letztern Gesichtspunkt glaube ich die mir gestellte Frage bringen zu müssen, die Frage nämlich:

> Ist nach den Vorschriften des Preussischen Strafgesetzbuchs von 1851 der erfolglos gebliebene Versuch, einen Andern zur Begehung eines Mordes zu dingen, strafbar? Wie würde diese Frage nach den Vorschriften des Tit. XX Theil II Allg. Landrechts und

nach dem gemeinen Deutschen Strafrecht zu beantworten sein? —

Diese Frage ist in einzelnen Fällen von der Praxis beantwortet, vielfach beantwortet von der Doctrin aus Anlass practischer Fälle, sowie ohne solchen Anlass; sie findet sich endlich auch erörtert in den Motiven der Gesetzgebungsfactoren. — Ich will gleich hier auf die verschiedene Stellung aufmerksam machen, welche der Frage namentlich in den Lehrbüchern zugewiesen ist: Bald findet sie sich bei der Lehre vom Versuch,[5] bald bei der Lehre von der Theilnahme[6] abgehandelt, bald auch erscheint sie besonders abgehandelt als „Lehre von der Anstiftung" oder als „Beitrag zur Lehre von der Anstiftung".[7] — Ich halte diese Verschiedenheit nicht für etwas blos Aeusserliches, lege vielmehr darauf bei Beurtheilung der einzelnen Ansichten ein nicht geringes Gewicht. —

Die gestellte Frage nun bejahe ich wie für das Gemeine Deutsche Strafrecht und das ältere Preussische Recht, so auch für das Strafgesetzbuch vom 14. April 1851.

Bevor ich an die direkte Begründung meiner Ansicht gehe, muss ich allgemein die Standpunkte darlegen, welche ich zu der Frage einnehme, und von welchen aus meines Dafürhaltens die gegentheiligen Ansichten entstanden sind. Ich überschreite dabei nicht die durch die gestellte Frage gegebenen Grenzen: — Wer sich etwa über eine Gebirgs- und Thallandschaft äussern will, wird zuvor angeben, von welcher Seite er auf das Gebirge gelangt, ob er überhaupt bis an die Spitze gekommen oder ob er vom Thale aus hinauf geblickt hat. — Welcher Standpunkt ist der richtige? — Gewiss nicht der Standpunkt desjenigen, welcher mühsam die Spitze des Berges erklimmt und nur von dort aus die sich darbietenden Gestaltungen betrachtet. Ein solcher wird zwar in allgemeinen Umrissen die Gestaltungen des Lebens im Thale, niemals aber dieselben genau erkennen und darüber urtheilen können. Der gewonnene allgemeine Ueberblick mag ihm die genauere Kenntniss insoweit erleichtern, als er sicherer die Wege finden wird, um von einem Punkte im Thale zum andern zu gelangen: aufgeben aber

---

[5] So Geib, § 101, S. 301. Oppenhoff, St. G. B. zu § 31, N. 11. 12.

[6] Feuerbach, Temme, Beseler, Haelschner.

[7] So Berner, Bremer im N. Arch. Goltd. Arch. III S. 380.

muss er seinen Standpunkt, wenn er jene einzelnen Punkte kennen lernen will. —

Einen solchen, zu einseitigen Standpunkt hat, meine ich, die Doctrin seit Ausbildung des Gemeinen Deutschen Rechts bei der Behandlung des materiellen Strafrechts eingenommen, indem sie das Strafrecht lediglich aus allgemeinen höchsten philosophischen Prinzipien herleiten zu können geglaubt hat, — eine Richtung, welche, wie jetzt wohl allgemein anerkannt wird, in die einzelnen strafrechtlichen Lehren eine bedeutende Verwirrung gebracht hat, so besonders auch in die Lehre vom Versuch.[*]) — Die Lehre! — nomen et omen! — Es dürfte ein zweifelhafter Vorzug sein, wenn sich in dem Recht eines Volkes über eine jede Rechtsmaterie eine besondere Lehre ausbildet. Vergebens wird man in dem Römischen Recht eine eigentliche Lehre vom Versuch finden; der Grund ist, weil die Römischen Juristen überhaupt keine von dem Rechtsleben losgebundene Theorie kannten, wie dies trefflich von Savigny in der Schrift „vom Berufe unserer Zeit für Gesetzgebung und Rechtswissenschaft" dargelegt ist. Ich gebe die betreffenden Worte Savigny's[9]) hier wieder:

Das Recht hat kein Dasein für sich, sein Wesen vielmehr ist das Leben des Menschen selbst, von einer besonderen Seite angesehen. Wenn sich nun die Wissenschaft des Rechts von diesem ihrem Objecte loslöst, so wird die wissenschaftliche Thätigkeit ihren einseitigen Weg fortgehen können, ohne von einer entsprechenden Anschauung der Rechtsverhältnisse selbst begleitet zu sein; die Wissenschaft wird alsdann einen hohen Grad formeller Ausbildung erlangen können und doch alle eigentliche Realität entbehren.[10]) Aber grade von dieser Seite erscheint die Methode der Römischen Juristen am Vortrefflichsten. Haben sie einen Rechtsfall zu beurtheilen, so gehen sie von der lebendigsten Anschauung desselben aus, und wir sehen

---

[*]) Temme, Glossen zu § 31.

[9]) v. Savigny, a. a. O. S. 30.

[10]) Dieses abgesonderte wissenschaftliche Leben des Rechts ist kein Recht; es ist das, was von Savigny an einer andern Stelle (a. a. O. S. 12) das technische Element des Rechts nennt.

vor unsern Augen das ganze Verhältniss Schritt für
Schritt entstehen und sich verändern. Es ist nun,
als ob dieser Fall der Anfangspunkt der ganzen
Wissenschaft wäre, welche von hier aus erfunden
werden sollte. So ist ihnen Theorie und Praxis
eigentlich gar nicht verschieden; ihre Theorie ist bis
zur unmittelbarsten Anwendung durchgebildet und
ihre Praxis wird stets durch wissenschaftliche Behandlung geadelt. In jedem Grundsatz sehen sie zugleich einen Fall der Anwendung, in jedem Rechtsfall zugleich die Regel, wodurch er bestimmt wird.
Eine solche Behandlung nun ist namentlich im Strafrecht
geboten, in welchem mehr als in jedem andern Rechtsgebiet
die Anwendung gewisser festgestellter Principien und allgemeiner
philosophischer Theoreme an den Umständen des concreten Falles
scheitern wird. — Wie verhielt sich aber die Doctrin der spätern
Juristen zu den einzelnen im Gebiete des Strafrechts vorkommen-
den Gestaltungen? — Nicht anders als feindlich. — Die Praxis
sollte sich durchaus der Doctrin bequemen. — Diese feindliche
Stellung schildert Berner — wiewohl ohne es zu wollen — in
seinen Grundsätzen des Preussischen Strafrechts:[11] „die Tüchtigkeit rechtswissenschaftlicher Arbeiten — sagt er — bekundet
sich in einer doppelten Richtung, nämlich einerseits in der Klar-
heit und Sicherheit, mit der sie die Prinzipien erfassen, andererseits in der Energie, (!) mit der sie vermöge der Prinzipien
auf die Masse des Einzelnen eindringen." — — Abgesehen
davon, dass Berner den Prinzipien gewissermassen ein selbst-
ständiges Leben zuschreibt, dass er annimmt, dieselben seien um
ihrer selbst willen da — denn anders lässt sich das Auseinander-
halten der beiden gerühmten Richtungen nicht erklären; — abgesehen davon sind die Ausdrücke „mit Energie eindringen" von
dem Standpunkt des Verfassers der „Grundsätze" unglücklich
gewählt, für den entgegengesetzten Standpunkt aber durchaus
zutreffend: durch das „energische Eindringen" wird so recht
das Bestreben klar gelegt, jede rechtliche Erscheinung unter
einem aufgestellten allgemeinen Begriff zu subsummiren und, so
zu sagen, zu unterjochen.

---

[11] Berner, a. a. O. in der Vorrede.

Leider schlug auch die Gesetzgebung diesen von der Doctrin
betretenen Weg ein. Diese falsche Behandlung hat den ge-
rechten Tadel erfahren in einer vorzüglichen Schrift von Mittermaier „über die Grundfehler der Behandlung des Criminalrechts
in Lehr- und Gesetzbüchern". Ich kann nicht umhin, die be-
züglichen Stellen hier mitzutheilen, da, ich wiederhole es, es
mir darum zu thun ist, meinen Standpunkt möglichst klar zu
legen, und da der in jener Schrift niedergelegte Standpunkt derselbe ist, von welchem ich bei Beantwortung der mir gestellten
Frage ausgehe, und auf welchen ich immer wieder werde zurück
weisen müssen. — Mittermaier sagt:

Man verliess den früher mit Glück betretenen, bei Verbindung von drei in verschiedenen Jahrhunderten ge-
bildeten Gesetzgebungen allein richtigen historischen
Weg und wählte blos den des Philosophirens, bis
endlich in den letzten Jahrzehnten der Glaube herr-
schend wurde, dass man, wie mit einer Zauberformel,
mit einem Princip des Strafrechts ausreichen und
alle einzelnen Sätze als Folgerungen daraus ab-
leiten könne.[12]

Zu den verderblichsten Erscheinungen auf dem
Gebiet der Strafrechtswissenschaft wie der Strafgesetzgebung gehört das Generalisiren. welches Rechts-
gelehrte und Gesetzgeber ergriffen hat.[13] — Es
wirkte namentlich gefährlich auf den Richter: Die
Allgemeinheit eines Satzes, die Aufstellung im allgemeinen Theil, die Erklärung, dass die darin vor-
kommenden Bestimmungen bei allen Verbrechen an-
gewendet werden sollten, nöthigte den Richter, auf
jede mögliche Art sich zu quälen, um den Satz auch
in jedem Falle anwenden zu können. Auf diesem
Wege mussten aber nothwendig ungereimte Entscheidungen als consequente Folgen der allgemeinen
Bestimmung entstehen.[14]

Der Verfasser wendet sich dann unter Anderm gegen die
jetzt übrigens wohl überall aufgegebene Ansicht, nach welcher

[12]) Mittermaier, a. a. O. S. 8.
[13]) Mittermaier, a. a. O. S. 11.
[14]) Mittermaier, a. a. O. S. 16.

man Gesetz und Recht als blosses Erzeugniss gesetzgeberischer
Willkür betrachtet[15]) und bemerkt dabei:

> Es ist unverkennbare Wahrheit, dass es ein fruchtloses
> Beginnen, die Erscheinungen des vielgestaltigen Le-
> bens zu erschöpfen und die Formen, unter welchen
> menschliche Leidenschaften sich ihre Befriedigung
> suchen, voraus zu bestimmen, vorzudenken gleich-
> sam einer ganzen Generation und die Richter zu
> fesseln.[16])

Es würde zu weit führen. den Gang, welchen die Bestre-
bungen der Doctrin genommen haben. im Einzelnen zu verfolgen.
Vielen Lehren mochte von vornherein ein anderer Character als
der einer amoenitas iuris nicht innewohnen, — wohlverstanden
nicht nach der Absicht des betreffenden Rechtslehrers, denn
dieser erblickte grade in der von ihm erfundenen Theorie den
wahren Grundstein für den Bau eines Strafgesetzes[17]) — Fragen,
über welche Jahrhunderte hindurch pro et contra disputirt wurde.
werden jetzt mit Stillschweigen übergangen, und wenn ja noch,
z. B. der Menge der Strafrechtstheorien, Erwähnung geschieht,
so geschieht dies im historischen Interesse, und man kann gewiss sein, dass häufig den Schluss der Betrachtung die Erkenntniss bildet, dass alle jene Theorien zu Nichts helfen.[18])

Dass der Streit, welcher in der Doctrin entbrennen und
mit jeder Aufstellung einer neuen Theorie heftiger werden
musste, sehr klärend und fördernd gewirkt, gebe ich nicht zu.
Zwar hat der Satz Lessing's „dass man noch über Nichts in
der Welt einig sein würde, wenn man noch über Nichts in der
Welt gestritten hätte" gewiss seine Berechtigung; es giebt aber
feindliche Stellungen, bei denen man sich überzeugen muss, dass

---

[15]) Mittermaier, a. a. O. S. 33.

[16]) Mittermaier, a. a. O. S. 36. Dasselbe ist in den Worten des
Dichters ausgedrückt:

> „Vom Rechte. das mit uns geboren ist,
>
> „Von dem ist leider nicht die Frage."

[17]) „Jeder musste eine Theorie erfinden, wer was gelten wollte. Jeder
suchte seine Theorie schon im Römischen Recht begründet. vergessend, dass
ein glücklicher practischer Sinn die Römer vor jedem überflüssigen Raisonnement bewahrte." Mittermaier, a. a. O. S. 46.

[18]) Koch, Landr. Einl. zu Tit. XX Th. II. Feuerbach. Lehrbuch S. 33.

an einen Sieg von der einen oder andern Seite ebensowenig als
an einen gütlichen Vergleich zu denken, und dass bei einem
beiderseitigen Angriff der Gegenstand, um welchen gekämpft
wird, unter den Füssen der Kämpfenden zertreten und unkennt-
lich gemacht wird: — Nimium altercando veritas amittitur! —
wirft mit Recht Feuerbach einem seiner Gegner vor. — Dazu oft ein unerquickliches Schauspiel: Wenn man aus den Waffen
der Kämpfenden schliessen darf, ob der Kampf ein würdiger,
so dürfte der Kampf eines der gerühmtesten Rechtslehrer von
dessen Seite als würdig nicht anzusehen sein, wenn er die gegentheiligen Ansichten einfach für „herrschende Unsitte" erklärt.[19]
Auch ohnehin hat der Kampf in neuerer Zeit an Interesse
verloren. Die Gesetzgebung der neueren Zeit hat der Autorität
der die Alleinherrschaft erstrebenden Doctrin den Boden indirect
entzogen: um dieselbe Zeit, zu welcher noch in Lehrbüchern[20]
zur Bewältigung der Strafrechtsmaterie ein glänzender Apparat
philosophischer Forschungen angekündigt und in Bewegung gesetzt wird, um dieselbe Zeit legt die Strafprozessgesetzgebung
die Entscheidung der wichtigsten Strafrechtsfälle in die Hände
nicht rechtsgelehrter Richter, welche nach ihrer freien Ueberzeugung urtheilen, und welche „die Lehre" über die ihrer Entscheidung unterbreitete Frage nicht kennen.

Ich darf nunmehr an die eigentliche Begründung meiner
Beantwortung der gestellten Frage gehen, und hoffe ich, dabei
kurz sein zu können. Auf die mit dieser Frage vielfach in
Verbindung gebrachten Streitfragen[21] werde ich nur soweit
eingehen, als dieselben in den der meinigen entgegengesetzten
Ansichten einer Erörterung unterworfen sind und ich zur Wider-
legung dieser Ansichten auf das betretene Gebiet zu folgen gezwungen bin. An sich bedarf ich zur Begründung meiner Ansicht einer Heranziehung jener Streitfragen nicht.

Im Anschluss an das, was ich im Eingange über die Unrichtigkeit einer abgesonderten Annahme des objectiven Thatbestandes eines Verbrechens angemerkt habe,[22] ist hier zu

---

[19] Berner, Lehrbuch § 63.

[20] Besonders Berner, Vorrede zur Lehre von der Theilnahme.

[21] Streitfragen über beendigten, nicht beendigten Versuch, dolus,
culpa etc.

[22] Anm. 1.

wiederholen, dass es eine unrichtige Behandlung eines Straffalles ist, wenn man aus einem einzelnen, mehr objectiven Bestandtheile des ganzen Falles seinen Standpunkt für die Beurtheilung gewinnt, anstatt bei der Wahl dieses Standpunktes von
der Willensrichtung desjenigen auszugehen, auf welchen die
objective That zurückzuführen ist. Eine solche Behandlung ist
die trübe Quelle der Trugschlüsse. — Welcher Fall liegt nun
in unserer Frage vor? — Es will Jemand ein Verbrechen, und
zwar will er es ausgeführt durch einen Dritten. Wir wissen
nicht, wann die Erfolglosigkeit seines Verlangens eingetreten
ist. Dieselbe kann dergestalt eingetreten sein, dass der Dritte
überhaupt noch keine Kenntniss von dem betreffenden Ansinnen
erlangt hat; der Dingende hat den Dritten vielleicht nicht zu
Hause getroffen und daher sein Anliegen nicht vorbringen können.

Anstatt nun den auf Begehung des Verbrechens gerichteten
Willen in seinem Vorgehen Schritt für Schritt bis zu dem Zeit-
punkte zu verfolgen, in welchem er das Rechtsgebiet objectiv
gefährdet, riss man einen vereinzelten Bestandtheil der ganzen
Erscheinung aus dem Zusammenhange heraus, fasste das Verhältniss dieses Bestandtheils zu den übrigen ins Auge und bildete
sich so nothwendig einen falschen Gesichtspunkt.[24]) Man betrachtete von vornherein das Verhältniss jenes Dritten, der, wie
erwähnt, vielleicht noch gar nicht von der verbrecherischen Absicht des andern gewusst, zu diesem, und gelangte vermöge einer
unberechtigten Fiction dazu, den ganzen Fall unter einen falschen Gesichtspunkt, unter den Gesichtspunkt der Lehre von
der Theilnahme zu bringen. Es wurde die Ausführung des
Verbrechens fingirt, und waren damit die Rollen gegeben, welche
die beiden Betheiligten zu spielen hatten; — der Dritte trat als
physischer Urheber, der andere als intellectueller Urheber auf und
nun entfaltete sich ein seltenes Schauspiel vor unsern Augen: der
Boden, auf welchem die beiden handelnden Personen auf die

---

[24]) Dieser Fehler hing mit dem Streben zusammen, die einzelnen Verbrechen unter gewissen Gesichtspunkten doctrinell aufzustellen. Mittermaier (a. a. O. S 23), welcher auch der Ansicht ist, dass diese Gesichtspunkte häufig unrichtige gewesen, und welcher jenes Streben aus dem Wunsche
erklärt, die Uebersicht der Verbrecher möglichst zu erleichtern und das Strafrecht in ein wissenschaftliches Gewand zu hüllen. Mittermaier macht
hiermit der Doctrin einen harten, wiewohl begründeten Vorwurf.

Scene gehoben sind, und auf welchem sie vor uns stehen, wird ihnen durch eine plötzliche Versenkung entzogen, und doch verschwinden jene nicht, bleiben vielmehr unverrückt auf der Scene.

Dieses Schauspiel ist es, welches uns diejenige Beweisführung vorführt, welche unserm Fall aus dem Gesichtspunkt der Lehre von der Theilnahme betrachtet. Die Bestrafung der Theilnahme an einem Verbrechen setzt ein strafbares Verbrechen voraus, und wo kein vollendetes Verbrechen oder aber kein strafbarer Versuch des physischen Urhebers vorhanden ist, da kann auch von einer strafbaren Anstiftung oder Beihilfe nicht gesprochen werden.[24]) Ist dies aber richtig, so hören, sobald feststeht, dass ein Verbrechen nicht verübt ist, die Ausdrücke „physischer und intellectueller Urheber" auf, Rechtsbegriffe zu sein und sind für eine juristische Beweisführung untauglich. Es kann doch nicht geleugnet werden, dass in unserm Falle die Begriffe durch die Fiction des Vorhandenseins eines Verbrechens erst geschaffen worden sind, und dass, um nun die Straflosigkeit zu deduciren, jene Fiction schleunigst wieder aufgegeben werden musste. Dass aber mit diesem Aufgeben auch die Rechtsbegriffe „physischer und intellectueller" Urheber schwinden mussten, ist klar. Ich glaube, man hat dies auch gefühlt: man neigte sich dazu, die Ausdrücke „physischer und intellectueller Urheber", bei welchen man ja immer an die Existenz eines Verbrechens erinnert wurde, zu vermeiden, sprach blos von „intellectueller Einwirkung" und schuf schliesslich den Begriff der „Anstiftung". Das ist aber nur ein anderer Name für dieselbe Sache. Soll der Begriff der Anstiftung ein strafrechtlicher sein, so ist er unter die Lehre von der Theilnahme zu bringen und von hier aus zu beurtheilen und trifft alsdann das so eben Gesagte zu, dass nämlich aus dem Begriffe der Anstiftung als einem Rechtsbegriffe nicht deducirt werden darf, wenn eine Strafthat nicht verübt worden ist. Haelschner, Lehrbuch des Preussischen Strafrechts, erkennt dies an.[25]) Es bemerkt mit Recht, dass, wenn die Anstiftung misslinge, also das Verbrechen nicht verübt werde, es criminalistisch bedeutungslos sei zu sagen, dass die Anstiftung versucht worden sei. Es

---

[24]) Zachariae in Goltd. Arch. III S. 298. Temme, Glossen S. 102.
[25]) Haelschner, a. a. O. Anm. 2 zu § 88 S. 368 ff.

weist damit darauf hin, dass die Anstiftung als selbständige
Strafthat in den Gesetzbüchern nicht anerkannt ist. Das ist
richtig; — und doch ist grade dieser vage Begriff der Anstiftung
denjenigen eine willkommene Handhabe gewesen, welche für
Straflosigkeit der in unserer Frage dargestellten Handlung.
namentlich für das Preussische Recht, sich ausgesprochen haben,
indem sie daraus, dass in einer Reihe von Fällen die erfolglos
gebliebene Anstiftung mit Strafe bedroht sei, hergeleitet, dass
jede andere erfolglose Anstiftung straflos sein müsse.[26]) Ich
werde der hier vorgebrachten Beweisführung zu folgen suchen:
    Ich glaube dargethan zu haben, dass der Begriff der An-
stiftung als strafrechtlicher nur vom Standpunkt der Lehre von
der Theilnahme aus zu beurtheilen ist, und dass derselbe auf-
hört, ein Rechtsbegriff zu sein, sobald der Begriff der Theilnahme an einem Verbrechen nicht vorhanden, m. a. W. sobald
ein Verbrechen nicht verübt ist. Wenn ich also der gegentheiligen Beweisführung folgen will, muss ich vorerst derselben
eine Concession machen, zu welcher ich nicht verpflichtet bin;
ich muss zugeben, dass der Begriff der erfolglosen Anstiftung
criminalistisch nicht bedeutungslos sei. Dies zugegeben, haben
wir in unserer Frage erfolglose Anstiftung zum Morde. — Nun
führt die gegentheilige Beweisführung für das Preussische Recht
verschiedene einzelne Fälle, die §§ 65. 87. 88. 100. 174 Strafgesetzbuchs, vor, in welchen die erfolglos gebliebene Anstiftung
mit Strafe bedroht ist, und folgert vermöge des Satzes „exceptio
firmat regulam“, dass die Anstiftung zum Morde, da sie nicht
unter jenen Fällen, straflos sein müsse. Man braucht aber blos
die Stellung dieser einzelnen Fälle im System ins Auge zu
fassen, so wird man erkennen, dass die gedachte Deduction nicht
haltbar ist: Für die Beurtheilung einer Rechtsfrage, welche in
der Lehre von der Theilnahme ihre Stelle finden soll, darf man
doch nicht Material entnehmen aus gesetzlichen Bestimmungen
über Handlungen, welche das Gesetz selbst unter ganz andere
Gesichtspunkte bringt. Es kann mir hier erlassen werden, die

---

[26]) Haelschner, ebenda. — Wie Haelschner, welcher kurz zuvor
darthut, dass der Begriff der erfolglosen Anstiftung criminalistisch bedeutungslos, zu einer solchen Beweisführung hat gelangen können, kann ich
mir nur aus der Verwirrung erklären, welche in die Doctrin durch den un-
glücklichen Begriff der Anstiftung gekommen ist. — Heseler S. 156.

ratio legis bei jenen einzelnen Fällen zu ergründen zu suchen: es genügt, darauf hinzuweisen, dass, um aus der Strafbarkeit jener Fälle auf die Straflosigkeit unseres Falles schliessen zu können, das Gesetz jene Fälle gleichfalls unter den Bestimmungen über Theilnahme hätte abhandeln müssen. Dass jene Fälle nicht unter den Gesichtspunkt der Theilnahme gehören, folgt eben daraus, dass sie als selbständige Vergehen vom Gesetz behandelt werden. Der § 36 Abs. 2 Strafgesetzbuchs befindet sich zwar unter der Lehre von der Theilnahme; es ist aber die darin bedrohte That nicht als accessorium einer andern Strafthat, sondern ebenfalls als selbständige Strafthat mit Strafe belegt,[27] gehört also nicht in die Lehre von der Theilnahme.

Sind also alle jene Fälle als selbständige Vergehen strafbar, so verstösst die von der Gegenseite beliebte Beweisführung gegen die Regeln der systematischen Interpretation.

Sehe ich nun von dieser Beweisführung, welche aus dem Gesichtspunkt der Lehre von der Theilnahme in Verbindung mit einzelnen Fällen angeblich erfolgloser Anstiftung vorgehalten wird, ab, und wende ich mich noch einmal zu der Beweisführung, welche sich lediglich auf die Lehre von der Theilnahme stützt, so kann ich jetzt das Resultat des dort Gesagten mittheilen:

Es muss zugegeben werden, dass die in unserer Frage enthaltene That, sobald dieselbe unter den Gesichtspunkt der Lehre von der Theilnahme gebracht wird, straflos ist, weil ein Verbrechen nicht verübt ist. Weil aber ein Verbrechen nicht verübt ist, darf die That unter den Gesichtspunkt der Lehre von der Theilnahme überhaupt nicht gebracht werden.[28]

---

[27] Oppenhoff, Strafgesetzbuch § 36 No. 10. — Goltd. Mat. I S. 337. Temme. Glossen zu § 36 No. 6.

[28] Ich werde noch für das Preussische Recht durch ein Beispiel die Unrichtigkeit des Standpunkts der gegentheiligen Ansicht darthun dürfen: — Jemand erklärt in öffentlicher Versammlung: — „in seinem Hause werde ein jeder Hochverräther eine Zuflucht finden“ — Auch hier sind verschiedene Gesichtspunkte bei der Prüfung der Strafbarkeit möglich: — der richtige ist doch der, die Frage unter die Bestimmungen über Hochverrath zu bringen und zu erörtern, ob für das Preuss. Recht etwa die Merkmale des § 61 oder § 65 St. G. B. in jener Handlung zu finden und demgemäss zu bestrafen. Welchen Standpunkt würde aber die gegentheilige Ansicht consequent wählen? Keinen andern als den Standpunkt der Lehre von der Theil-

Sämmtliche Rechtsbegriffe — physischer, intellectueller Urheber, Anstiftung — welche unter diese Lehre fallen, sind daher für unsere Frage keine Rechtsbegriffe, und werde ich mich derselben für die Folge nur gezwungen bedienen.

Sehen wir nun das ganze Verhältniss Schritt vor Schritt entstehen.

Der in einem Individuum durch Einwirkung des Begehrungsvermögens in Bewegung gesetzte auf Begehung eines Verbrechens gerichtete Wille schreitet über das Gebiet der innern That hinaus. Er wird dadurch als rechtswidriger Wille noch nicht erkennbar. Rechtswidrig wird der Wille erst, wenn er in einem erkennbaren Ereigniss — dem Rechte zuwider — verkörpert erscheint, wenn ein rechtswidriges Ereigniss vorliegt: die Rechtswidrigkeit dieses Ereignisses ist also durch die Rechtswidrigkeit des Willens bedingt und umgekehrt. m. a. W. der auf Begehung eines Verbrechens gerichtete Wille ist mit Sicherheit niemals als rechtswidriger erkennbar, wenn das Verbrechen selbst nicht erkennbar geworden ist.[29]).

Jemand hat den Entschluss gefasst, den X. aus der Welt zu schaffen. Der hierauf gerichtete Wille ist durchaus erkennbar, aber noch nicht rechtswidrig, noch nicht strafbar: — Der Träger desselben hat zu Jedermann erklärt, dass er denselben verwirklichen werde: er nimmt Handlungen vor, welche an sich geeignet sind, dem Willen zu dienen; er schafft die tödtliche Waffe an: er verschafft und mischt das Gift und begiebt sich an den Ort, wo das Opfer sich aufhält. — Welche Antwort würde derjenige ertheilen, welcher dies ganze Treiben verfolgt hat, wenn er von einem Dritten darüber befragt würde? — Die Antwort: „Jener will versuchen, den X. zu tödten“, nicht aber die Antwort „er versucht ihn zu tödten“. Diese letztere Antwort würde gegen den Begriff des Versuchs im gemeinen Sprachgebrauch verstossen. Richtig ist auch die Ant-

<hr>

nahme, von welchem aus die Straflosigkeit eintreten könnte, und, wie zugegeben wird, müsste: — der Hochverrath wird fingirt und wird damit dem Angeschuldigten die Stellung des Begünstigers (§ 37 St.-G.-B.) zugewiesen. Die Fiction wird wieder aufgegeben; der Angeschuldigte bleibt aber in seiner Stellung als Begünstiger eines Verbrechens, welches gar nicht verübt ist. Die Begünstigung ist also, da ein Verbrechen nicht verübt worden ist, straffrei!

[29]) Feuerbach, Lehrb. § 42 No. 3.

wort: „er sucht den X. zu töten": — der Wille ist fertig und thätig, er sucht nach dem Object: es ist aber noch ungewiss, ob er dasselbe auch finden wird. Geschieht letzteres, und wirkt der Wille auf das Object direct ein, so ist die objective Gefährdung des Rechtsgebiets vorhanden, und nun erst ist der Wille als rechtswidriger Wille erkennbar und als solcher strafbar. Kann jene directe Einwirkung nicht zu Stande kommen, so ist der Wille gegenstandslos; er hat vergeblich gesucht, er hat nicht versucht, denn der Versuch ist hier das Resultat des Suchens, die zu Stande gekommene Vermittelung zwischen Subject und Object. Wenn der zu tödtende X. niemals auf der Welt existirt hat, oder wenn derselbe längst verstorben ist, so ist es unmöglich, dass der Wille verwirklicht wird und in dem Objectiven seinen rechtswidrigen Ausdruck findet, und es kann niemals von einem Versuchen die Rede sein.

Im Vorstehenden habe ich die Merkmale des Versuchs nach dem gemeinen Sprachgebrauch angegeben, und diese Merkmale sind es auch, durch welche der Begriff des Versuchs in den Gesetzbüchern, im Gemeinen Deutschen Strafrecht[30]) und im ältern und neuern Preussischen Strafrecht gebildet wird. Ich behaupte damit, dass eine grundsätzliche Verschiedenheit in den desfalsigen gesetzlichen Bestimmungen nicht zu finden ist.

Römischrechtliche Bestimmungen bei Beantwortung unserer Frage heranzuziehen, ist nicht geboten. Zwar hat das Römische Recht unzweifelhaft Anspruch darauf, als Quelle des Gemeinen Deutschen Strafrechts zu gelten:[31]) man ist jedoch einig, dass die unmittelbare Anwendbarkeit desselben nicht thunlich ist;[32]) nur darüber ist man nicht einig, ob dies dem Römischen Recht als ein Mangel anzurechnen ist oder nicht. — Sollten die Römer wirklich so sehr viel weniger als Criminalisten geleistet haben, als auf dem Gebiete des Privatrechts? Sollte der Vorwurf begründet sein, dass dem Römischen Strafrecht nirgends allgemeine Prinzipien zu Grunde gelegt seien, um aus ihnen die Einzelheiten herzuleiten, dass an einzelnen Stellen verschiedene Straf-

---

[30]) Von dem Streit über die Existenz eines gemeinen deutschen Strafrechts kann hier füglich abgesehen werden.

[31]) Feuerbach, Lehrb. § 5. § 5a. Berner, Lehrb. § 61.

[32]) Feuerbach, Lehrb. § 42 No. III des Herausg. Haelschner II S. 358 Anm. 2.

zwecke ausgesprochen seien, ohne dass der Gesetzgeber an die dadurch herbeigeführten Widersprüche und an die Nothwendigkeit eines einheitlichen Grundprinzips auch nur gedacht habe?[33])

Die Thatsache, dass allgemeine Prinzipien in dem Römischen Recht nicht ausgesprochen, mag richtig sein. Ob aber auch wirkliche Widersprüche vorhanden sind? — Es wäre doch auffällig, wenn dies v. Savigny entgangen sein sollte. — Ich meine, dass, wenn v. Savigny die römische Jurisprudenz in der angeführten Schrift lobt, er dabei nicht bloss das römische Privatrecht im Auge gehabt hat. Grade für das Strafrecht, wie ich gezeigt habe, ist es geboten, erst in dem einzelnen Rechtsfalle die Regel, wodurch derselbe bestimmt wird, zu finden und die Strafrechtstheorie zu construiren. Der von Berner gerügte „Mangel" allgemeiner Prinzipien ist daher gerade auf den Römischen Scharfsinn und gesunden Verstand zurückzuführen, von welchem glänzende „Proben" auch im Strafrecht überkommen zu haben Berner selbst nicht leugnet; der Mangel ist zurückzuführen auf jenen glücklichen practischen Sinn der Römer, welcher sie vor jedem überflüssigen Raisonnement bewahrte.[34]) In Wahrheit ist es also kein Mangel.

Können also die Bestimmungen des Römischen Rechts für unsere Beantwortung um so weniger massgebend erscheinen, als grade die Bestimmungen über den Versuch nur in dem einzelnen Falle ihre Erklärung finden mögen, — weshalb eine allgemein gültige Definition des Versuchs im Römischen Recht auch nicht vorhanden ist,[35]) — so ist von der Begriffsbestimmung der Carolina, der Hals- oder Peinlichen Gerichtsordnung Kaiser Carls V., als der Hauptquelle des Gemeinen Deutschen Strafrechts, auszugehen.

Mit der Erörterung der betreffenden Bestimmung fällt dann auch die Berücksichtigung des Juristenrechts zusammen, hiermit wieder das Eingehen auf Territorialgesetzgebungen, insbesondere, worauf es für uns ankommt, auf das Preussische Allgemeine

---

33) Feuerbach, Lehrb. § 5ᵃ i. f. Berner, Lehrb. § 43.
34) Mittermaier, a. a. O. S. 46.
35) Das ist eben ein Vortheil. Wenn überhaupt, so kann man grade von einer Definition des Versuchs behaupten, dass es einer solchen nicht bedürfe, da doch jeder Bauer weiss, was das ist. S. auch Temme, Glossen. zu § 31 No. 2.

Landrecht und das Strafgesetzbuch von 1851: in den meisten Lehrbüchern des gemeinen Deutschen Strafrechts haben die Rechtsbildungen in den einzelnen deutschen Staaten eine bald mehr bald weniger eingehende Beurtheilung erfahren. Die Carolina handelt im art. 178 von der Strafe unterstandener Missethat und bestimmt:

> So sich Jemand einer Missethat mit etlichen scheinlichen Werken, die zur Vollbringung derselben Missethat dienstlich sein mögen, understeht und doch an Vollbringung derselben Missethat durch andere Mittel wider seinen Willen verhindert würde, solch böser Will — ist peinlich zu strafen.

Diese Fassung ist nicht präcise. Es wird zur Annahme eines strafbaren Versuchs gefordert:

1) scheinliche Werke als Ausfluss des bösen Willens, d. h. der böse Wille muss durch äussere Handlungen erkennbar geworden sein;

2) die Handlungen müssen zur Vollbringung der Missethat dienstlich sein.

Ich finde hierin keinen anderen Sinn als den: die Handlung muss dem bösen Willen bei Vollbringung des Verbrechens gedient haben; sie muss auf die unmittelbare Ausführung des Verbrechens gerichtet gewesen sein. Denn, wie ich glaube nachgewiesen zu haben, wird der böse, der rechtswidrige Wille dadurch noch nicht als solcher erkennbar, dass er die Grenzen der innern That überschreitet. Erst in dem Object, auf welches der Wille gerichtet ist, erscheint er als verkörperte Rechtswidrigkeit. Es ist daher eine unrichtige Auffassung, dass die Carolina mehr auf das subjective Moment, den bösen Willen, rücksichtige. Wer vermag zu prüfen, ob eine äusserlich erkennbare Handlung zur Vollbringung einer Missethat dienstlich, ohne dass eine nähere Vermittelung dieser Handlung zu dem Object des Verbrechens erkennbar gemacht worden ist. Wenn ich Jemand zu mir einlade, um ihm bei mir das Gift in das Trinkgefäss zu schütten, so ist die Einladung gewiss doch eine Handlung, welche zur Vollbringung der Missethat dienstlich ist. Aber versuche ich dadurch, Jenen zu tödten? Ich will es erst versuchen. Der eigene Inhalt des Willens ist die Grundlage für die Beurtheilung, wann und in welchen äussern Handlungen derselbe als rechtswidriger Wille seinen Ausdruck findet.

Richtig bemerkt Heffter:

> Wesentlich für die Existenz eines Verbrechens ist nur eine Entschliessung, welche die äussere That nach sich zieht, mit der darin aufgenommenen Absicht, denn nur dafür kann der Staat verantwortlich machen; nicht für die Anregungen der Sinnlichkeit, sondern für das Hingeben an dieselben.[36])

Für treffend machte ich auch die Definition von Boehmer „Conatus absolvitur praeparatione et applicatione mediorum ad consummandum crimen certum directorum".[37]) So lange das Object einer directen Einwirkung des Willens entzogen ist, so lange kann von keinem Versuch die Rede sein. Die Zubereitung und directe Anwendung der Mittel stellt den Versuch dar. Alle diejenigen Handlungen, welche dieser directen Anwendung vorhergehen, lassen sich hinsichtlich ihrer Causalität mit einem beabsichtigten Verbrechen mit Sicherheit niemals beurtheilen, woraus dann folgt, dass der Unterscheidung von Vorbereitungshandlungen und eigentlichen Versuchshandlungen, sowie von entfernten und nächsten oder nicht beendigten und beendigten Versuchen[38]) überhaupt kein Werth zuzugestehen ist.[39])

Wenn daher das Preussische Allg. Landrecht (§ 42 II 20) „vorläufige Anstalten zu der strafbaren Handlung" als entfernten Versuch für strafbar erklärt, so halte ich eine solche Disposition für bedenklich: Derjenige, welcher geäussert hat, er werde seines Nachbarn Grundstück in die Luft sprengen, wird leicht wegen „vorläufiger Anstalten" gestraft werden können, wenn er sich später zum Zweck der Jagd Pulver kauft, oder wenn er zum

---

[36]) Heffter, Lehrb. § 62. S. auch Kleinschrod, system. Entwickelung I § 35, welcher dann verbrecherischen Versuch annimmt, wenn er sich in äussern Handlungen gezeigt hat und der Vorsatz, ein Verbrechen zu begehen, damit verbunden ist.

[37]) de Boehmer, Medit. in C.C.C. zu art. 178 § 1.

[38]) Feuerbach, Lehrb. § 43. Berner §§ 102. 104. Salchow § 69. Heffter §§ 72. 75.

[39]) S. Temme. Glossen 2 zu § 31. Haelschner, System Anm. 2 zu § 68.

Zweck der Anlegung einer Wasserleitung nach dem Nachbar-
grundstück hin zu bohren beginnt.[40])

Will man von einer Strafbarkeit blosser Vorbereitungshandlungen reden, so muss man das Verhältniss auffassen, wie dies
von Geib geschieht:[41])

> Blosse Vorbereitungshandlungen sind strafbar,
> wenn dieselben von der Art sind, dass sie schon an
> und für sich als mehr oder weniger unmittelbare,
> d. h. als wirklich objective Gefährdung des zu
> verletzenden Rechtsgebiets sich darstellen.[42])

Geib erklärt hiernach z. B. Auflauern mit gespanntem Ge-
wehr, um zu tödten, für strafbare Vorbereitungshandlung und
bemerkt dann modificirend sehr richtig:

> Allein freilich, da die Strafbarkeit hier immer
> nur als Ausnahme erscheint, so muss nothwendig im
> Zweifel, also überall, wo die objective Gefährdung
> des betreffenden Rechtsgebiets noch irgend ungewiss
> ist, Straflosigkeit eintreten.

Besser ist es also, den Begriff „Vorbereitungshandlungen"
überhaupt fallen zu lassen, wie dies denn auch die neuere
Preussische Strafgesetzgebung gethan hat.[43]) Der § 31 des
Strafgesetzbuchs vom 14. April 1851 bestimmt:

> Der Versuch ist nur dann strafbar, wenn der-
> selbe durch Handlungen, welche einen Anfang der
> Ausführung enthalten, an den Tag gelegt und nur
> durch äussere von dem Willen des Thäters unab-
> hängige Umstände gehindert worden oder ohne Erfolg
> geblieben ist.

Durch die Worte „nur dann" sollte die Strafbarkeit der
vorläufigen Anstalten zu der strafbaren Handlung, des conatus
remotus, ausgeschlossen werden.[44]) Hätten die Worte gefehlt,
so wäre auch Nichts verloren, da ja die landrechtliche Straf-

---

[40]) Berner, Grunds. § 2.
[41]) Geib, Lehrbuch § 101 S. 301.
[42]) Vorbereitungshandlungen von einem solchen Character sind eben
keine solchen mehr: sie tragen alle Merkmale des strafbaren Versuchs
an sich.
[43]) Goltd. Mat. I S. 245. 248.
[44]) Koch, Landr. Anm. 52 zu § 31 St. G. B.

gesetzgebung durch das Strafgesetzbuch ausser Kraft gesetzt
wurde. Die Worte „nur dann" sind also eine unnöthige Dar-
legung der Motive der Gesetzgebung. Es ist ganz klar, was
Zachariae in der Abhandlung vom Versuch der Verbrechen
ausführt, dass, da das Gesetz nur den Versuch eines Verbrechens,
nicht aber den Versuch von Versuchshandlungen im § 31 der
Bestrafung unterwirft, bei solchen Handlungen die weitere Aus-
dehnung der Strafbarkeit durch Anwendung des Versuchsbegriffs
nothwendig cessiren muss.[45]) Der Begriff der Vorbereitungshandlungen musste nothwendig fallen durch den vom Gesetz
aufgestellten Versuchsbegriff; es könnte nur das noch in Frage
kommen, ob es nicht gerathener gewesen wäre, auch von der
Aufstellung des Versuchsbegriffs abzusehen und den § 31 zu
streichen. Ich bin dieser Ansicht und kann mich zur Begründung derselben auf das, was ich für das Römische Recht gesagt
habe, beziehen.[46]) Die Motive zu dem Gesetzentwurf von 1847
sagen das Richtige, dass es dem Richter anvertraut werden
könne, auch ohne Definition die Grenzen des Versuchs zu finden.[47]) An sich lässt sich gegen die Definition des Strafgesetzbuchs nichts einwenden; sie entspricht vollständig dem Begriff
des Versuchs, wie er im gemeinen Leben sich stellt,[48]) und wie
ich ihn aus dem gemeinen Sprachgebrauch entwickelt habe: —
die Handlungen, welche einen Anfang der Ausführung des Verbrechens enthalten, sind rechtswidrige Handlungen und in
ihnen erst kommt der Wille als rechtswidriger mit Sicherheit zum Ausdruck. Goldammer characterisirt die im Gesetz
geforderten Handlungen sehr treffend als solche, welche vermöge
ihrer intensiveren Gestalt und vermöge ihrer unmittelbaren Beziehung zu dem, was den Thatbestand des Verbrechens bildet,
den Entschluss des Thäters verrathen, dass er zur Vollendung
des Verbrechens fortgeschritten sein würde, wenn äussere zu-
fällige Umstände ihn nicht daran gehindert hätten.[49])
Bei der gegen den art. 178 der C. C. C. ungleich präciseren
Fassung des § 31 sollte ein Zweifel über den Anfangspunkt

---

[45]) Goltd. Arch. III S. 171.
[46]) S. Anm. 35.
[47]) Goltd. Mat. I S. 251. Temme, Glossen Anm. 2 zu § 31.
[48]) Oppenhoff, St. G. B. § 31 No. 2.
[49]) Goltd. Mat. I S. 263.

der Strafbarkeit von Versuchshandlungen nicht leicht entstehen
können, aber auch aus dem art. 178 kann, wie gezeigt, eine
richtige Interpretation einen andern Versuchsbegriff als den
nach gemeinem Sprachgebrauch nicht construiren.[50]) Es sei
mir gestattet, eine hier zutreffende Ausführung Mittermaiers
mitzutheilen:

> Da der Versuch nur dann bestraft werden kann,
> wenn das Merkmal der Gesetzesübertretung darin
> liegt, so kann man das Gesetz auch nicht früher als
> übertreten betrachten, als bis jene Handlung, welche
> die verbotene ist und das Verbrechen ausmacht,
> wenigstens angefangen ist, und so der Verbrecher
> sich in der eigentlich verpönten Handlung befindet.
> Vorbereitungshandlungen sind in so weiter Entfernung
> von der Ausführung eines Verbrechens, dass, selbst
> psychologisch betrachtet, sie noch gar nicht als
> sicheres Zeichen eines vorhandenen festen Ent-
> schlusses, das Verbrechen zu verüben, angesehen
> werden können. Wer das menschliche Gemüth kennt,
> weiss, wie oft rasche Aufwallungen entstehen, wie
> auch der edelste Mensch bösen Einflüsterungen sich
> hingiebt und in dem aufgeregten Taumel, die Lust
> des Verbrechens sich ausmalend, selbst etwas unter-
> nimmt, was für jeden möglichen Fall zur Ausführung
> des Verbrechens dienen könnte, ohne dass er dess-
> wegen je das Verbrechen vollführt.[51])

Hiernach müssen die entgegengesetzten Ansichten, nach
welchen die Carolina die Strafbarkeit mehr in dem Willen
finde, während das Preussische Strafgesetzbuch, im Anschluss
an die Französische Strafgesetzgebung, mehr auf den materiellen
Schaden sehe,[52]) als unrichtig bezeichnet werden. Eine solche
abgesonderte Betrachtung der wesentlichen Merkmale einer
Strafthat widerstreitet dem Begriffe des Verbrechens und führt
zu ungereimten Entscheidungen. Wie man vollends die einzelnen

---

[50]) Temme, Anm. 2 zu § 31. Berner § 103. Feuerbach, Anm.
3 zu § 42. Salchow § 58. Kleinschrod, syst. Entw. I § 35.

[51]) Mittermaier „über den Aufangspunkt der Strafbarkeit von Versuchshandlungen" (Neues Archiv des Crim.-Rechts II 4 Stück S. 602).

[52]) Koch, Landr. Anm. 51. II. c zu tit. 2 St G. B.

herausgerissenen Merkmale noch unter besonders dazu aufgestellte Begriffe bringen und vom „subjectiven und objectiven Versuch" hat sprechen können,[33]) ist mir unerfindlich. Ein subjectiver Versuch ist gradezu ein juristisches Unding.

Wenn ich nun die vorgelegte Frage überall bejaht habe, so hat mich dabei für das Gemeine Deutsche Recht und das Preussische Strafgesetzbuch die Erwägung geleitet, dass der Dingende sich des versuchten Mordes schuldig gemacht hat, dass in der Handlung, welche sich in dem Dingen darstellt, der böse verbrecherische Wille als solcher erkennbar zur Darstellung gelangt, m. a. W. dass in dem Dingen ein Anfang der Ausführung des Verbrechens des Mordes zu finden ist.

Dass die Frage für das Preussische Allgemeine Landrecht zu bejahen, unterliegt nach den §§ 42. 44 II 20 (der § 44 erklärt „Drohungen", der § 42 „vorläufige Anstalten" für strafbar) keinem Bedenken und könnte es, da nicht gefragt worden ist, wie gestraft werden soll, genügen, anf jene §§ zu verweisen. Ich habe jedoch gezeigt, dass die Theorie von den vorläufigen Anstalten durchaus unhaltbar, und dass sich in der Praxis niemals wird sicher bestimmen lassen, was als Vorbereitungshandlung anzusehen. Auf die Frage, welche der gesetzlichen Bestimmungen des Landrechts über unternommenes und ausgeführtes Verbrechen in unserm Falle Anwendung finden würde, erachte ich, da mehr als blosse Drohung (§ 44 II 20) vorliegt, nur den § 40, welcher die Strafe des conatus proximus verhängt über denjenigen,

> welcher zur Vollziehung des Verbrechens von seiner Seite Alles gethan hat, wenn die zum Wesen der strafbaren Handlung erforderliche Wirkung durch einen blossen Zufall verhindert worden ist,

für anwendbar. Die Merkmale des conatus proximus sind wesentlich dieselben, welche der Begriff des Versuchs nach der P.G.O. und dem Strafgesetzbuch trägt. Es würde daher eine abgesonderte Erörterung der Frage auch für das Allgemeine Land-Recht nicht geboten sein.

Ich habe nun bereits entgegnet auf diejenigen entgegengesetzten Ansichten, welche die ganze Frage in eine Lehre von

---

[33]) Goltd. Mat. I 266.

der Anstiftung, oder hier der erfolglosen Anstiftung hineingezwängt haben. Ich kann alle gegen die Doctrin erhobenen Vorwürfe hier nur wiederholen. Es ist wahrhaft überraschend, dass Rechtslehrer, welche die Frage anfänglich unter den allein richtigen Gesichtspunkt bringen und dabei zu dem richtigen Resultat gelangen, sich zuletzt nicht haben frei halten können von einer Heranziehung der Lehre von der Theilnahme oder der Anstiftung.[24]) Mit dem ersten Schritt, welcher dazu gethan wurde, musste der richtige Standpunkt verwischt werden. — Ich bin weit entfernt, jede „erfolglose Anstiftung" für strafbar zu erklären: Wenn Jemand dem A. räth, dieser solle zum Zweck der schnelleren Erlangung einer Erbschaft seinen, des A. reichen Verwandten aus dem Wege räumen, so ist, wenn A. darauf nicht eingeht, erfolglose Anstiftung vorhanden, welche ich aber nicht für strafbar erklären würde. Jener Rathgeber macht sich eines Versuches desshalb nicht schuldig, weil er gar nicht sucht, den Verwandten aus der Welt zu schaffen; er denkt nicht daran, das Verbrechen auszuführen, es kann also auch von einem Anfang der Ausführung nicht die Rede sein. Anders bei dem Dingen eines Mörders, bei welchem der rechtswidrige Wille als solcher objectiv erkennbar zur Darstellung gelangt, indem er übertragen wird auf ein der Ausführung fähiges und zu derselben verpflichtetes lebendes Individuum, welches, wenn es die That vollführt, weniger seinen eigenen Willen als den des Dingenden zum vollendeten Ausdruck bringt; — der Dingende befindet sich bei dem Dingen in der eigentlich verpönten Handlung. Durch das Herumschleichen des Lohnmörders, welcher nach dem Opfer späht, ist das Rechtsgebiet objectiv gefährdet; diese Gefährdung steht aber in ursächlichem Zusammenhang mit dem Willen des Dingenden, welcher Alles gethan und alle Handlungen vorgenommen hat, welche von seiner Seite als Anfang der Ausführung betrachtet werden könnten. Wenn man freilich, wie es mit dem unverkennbaren Ausdruck grosser Befriedigung geschehen ist, nur die Stellung des Lohnmörders ins Auge fasst und darauf hinweist, dass dieser ja noch nicht angefangen habe, das Verbrechen auszuführen, und folgert,

---

[24]) Haelschner § 88 Anm. 2 S. 352. 358. S. auch Anm. 26 dieser Abhandlung.

dass also von einem Versuch nicht die Rede sein könne,[55]) so
kann dies gern zugegeben werden.

Ist aber nicht die Stellung des Lohnmörders eine solche,
welche für unsere Frage gar nicht in Betracht kommt? — Es
ist wirklich interessant zu sehen, wie die Lehre von der physischen und intellectuellen Urheberschaft den steten Ausgangspunkt der gegentheiligen Beweisführung bildet, interessant
namentlich eine Ausführung Rosshirts im Archiv für Criminal-Recht.

Derselbe sagt — „durch die Ansicht, der Anstifter (!)
unternehme doch gewiss ein zur Vollbringung der Missethat
dienstliches scheinliches Werk, wenn er einen Andern zur Begehung der That veranlasse, z. B. einen Mörder bestelle, durch
diese Ansicht rufe man eine falsche Stellung hervor, indem man
den intellectuellen Urheber (!) zu Beginn des thatsächlichen
Verlaufs eines angestifteten Verbrechens in die Stelle des
physischen Urhebers (!) setze, aus der man ihn wieder heraus-
zudrängen genöthigt sei, sobald der wirkliche physische Urheber (!) handelnd auftrete".[56]) — — — In unserer Frage sehe
ich weder einen physischen Urheber, noch einen intellectuellen Urheber. Dasselbe muss ich auch auf die weitere
Beweisführung Rosshirts entgegnen, „dass das Gesetz den
physischen und intellectuellen Urheber ganz gleich behandelt
wissen wolle, dass man aber dem zuwider handle, wenn man
den Anstifter bloss wegen seiner intellectuellen Urheberschaft
für strafbar erkläre, während man den physischen Urheber bloss
desswegen, weil er in Worten auf das Ansinnen eingegangen
sei, nicht strafen könne". — Ebenso glaube ich mich zur Wider-
legung der von Zachariae in einem Aufsatz vom Versuch der
Verbrechen (Goltd. Anh. III S. 162 ff. 289 ff.) niedergelegten
hier interessierenden Ansichten auf dasjenige beziehen zu dürfen,
was ich über die falsche Behandlung Seitens der Doctrin im
Allgemeinen und speciell für unsere Frage bereits gesagt habe.
Zachariae widmet in jenem Aufsatz eine besondere Betrachtung
dem „Verhältniss des gesetzlichen Versuchsbegriffs zum Begriff

---

[55]) Rosshirt (Arch. des Crim. R. 1852 S. 878 ff.). Berner, Theilnahme S. 274.

[56]) Rosshirt, ebenda.

der Theilnahme an einem Verbrechen oder Vergehen". Ein solches Verhältniss existirt aber überhaupt nicht, lässt sich also auch nicht einer Betrachtung unterwerfen. Ich kann mich der eigenen Worte Zachariae's bedienen:

> Theilnahme an einem bestimmten Verbrechen und Versuch dieses bestimmten Verbrechens sind zwei verschiedene, sich gegenseitig ausschliessende Begriffe.[57])

Wo also zwei so heterogene Gegenstände, darf man auch nicht ein Verhältniss aufstellen wollen.

Stets willkommen ist es den Vertretern der Straflosigkeit gewesen, wenn ihnen vorgehalten wurde, der „Anstifter" sei strafbar, weil er „gefährlicher" sei als der „Angestiftete": — der Vorwurf der Verwechslung des polizeilichen Praeventionsstandpunktes mit dem strafrechtlichen und der Vorwurf des Verkennens von Recht und Moral konnte füglich nicht ausbleiben, und die Vertreter der Straflosigkeit glaubten damit das letzte Wort behalten zu haben.[58]) — Aber nicht bloss, weil der Wille des Dingenden gefährlich ist, sondern weil er gefährdet hat, ist er strafbar; und ich vermag nicht zu begreifen, wie Berner behaupten kann, dass der Wille des Anstifters erst durch das Medium der Handlung des Angestifteten auf dem Boden der Objectivität erscheine, und dass erst dadurch der Wille als fester Entschluss gekennzeichnet und von blossen Cogitationen gesondert werde! — — Als ob sich das Dingen eines Mörders in dem Gebiete der Cogitationen bewegt! Als ob nicht schon durch die Handlung des Dingens der Wille des Dingenden auf dem Boden der Objectivität erschienen ist! — Ebenso unrichtig ist die Ausführung Berners an einer andern Stelle, dass der Gesetzgeber, so wenig er den strafe, der seine mörderische Absicht erst in dem Ankaufe einer Mordwaffe bekundet habe, dass der Gesetzgeber, so wenig auch den strafe, der die gleiche Absicht erst in der Anwerbung eines Lohnmörders, welcher auch gleichsam eine Mordwaffe sei, bekundet habe.[59]) — Berner übersieht, dass die gekaufte Mordwaffe —

---

[57]) Zachariae, a. a. O. S. 299.
[58]) Rosshirt und Berner in den Note 55 angeführten Stellen.
[59]) Berner, Grundsätze S. 31.

mag selbst mit Sicherheit beurtheilt werden können, dass sie
zu dem Morde gekauft ist - nicht selbstthätig wirken kann,
dass sie erst geladen und vom Verbrecher abgedrückt werden
muss; es bedarf also einer nochmaligen Inangriffnahme durch
den verbrecherischen Willen. Anders bei dem gedungenen
Mörder, welcher den verbrecherischen Willen praesumtiv verwirklicht, denn „dingen" heisst „miethen, für einen vertrags-
mässig bestimmten Lohn eine Person in Dienst nehmen".[*])
Dieser Begriff des Dingens ist für unsere Frage, wie ich bereits
dadurch, dass ich gesagt, nicht jede „erfolglose Anstiftung" sei
strafbar, angedeutet habe, von entscheidendem Gewicht. — Ist
derselbe im concreten Falle nicht bestimmt ausgeprägt, so würde
ich Anstand nehmen, auf strafbaren Versuch zu erkennen, z. B.
wenn der Gedungene dem Dingenden als eine Person bekannt
war, welche zwar stets zusagt, aber niemals die Zusage hält, oder
wenn die Verhandlungen im Stadio der blossen Vorverhandlun-
gen geblieben sind. — Präsumtiv gehorcht der Gedungene. Daher
macht sich derjenige, welcher seinem Dienstboten falsches Geld
übergiebt, um dafür Waaren einzukaufen, der Münzfälschung
durch die Uebergabe des Geldes an den Dienstboten, nicht erst
durch die Weiterverausgabung seitens des letztern schuldig.

Die Ausführungen über unsere Frage oder über damit im
Zusammenhange stehende Fragen in den Entscheidungen des
Preussischen Ober-Tribunals haben mich nicht überzeugen können: — Im Archiv für Preussisches Strafrecht. Bd. VII S. 667,
wo an den Bd. V S. 450 mitgetheilten Fall (Versuch des Gift-
mordes) angeknüpft wird, wird in unberechtigter Weise lediglich
von der Willensrichtung eines Dritten ausgegangen; man über-
sah, dass der Angeklagte von seiner Seite Alles gethan hatte,
um das Verbrechen auszuführen, dass also von seiner Seite
ein Anfang der Ausführung gewiss vorhanden war.

Auch die Begründung von Haelschner, welcher sich für
das Preussische Strafgesetzbuch der gegentheiligen Ansicht an-
geschlossen hat, kann ich für zutreffend nicht erachten. Ueber
die Begründung, soweit sie aus der Lehre von der Theilnahme
oder aus einzelnen besondern Fällen ausdrücklich mit Strafe be-
legter Anstiftung entnommen wird, habe ich mich bereits aus-

---

[*]) Grimm, Deutsches Wörterbuch s. v. „dingen".

gelassen. Die prinzipale Begründung ist entnommen — „aus der eigenthümlichen Auffassung des Versuchs im Preussischen Strafrecht; denn wie schwierig es auch sein möge, genügend anzugeben, was als Anfang der Ausführung des Verbrechens und damit als strafbarer Versuch zu betrachten sei, so werde man das wohl zugeben müssen, dass die misslungene Anstiftung (!) im Sinne des Strafgesetzbuchs nicht so zu betrachten sei".[61]) — — Im Strafgesetzbuch ist dem Versuch, wie gezeigt worden, eine eigenthümlichere Auffassung, wie in andern Gesetzbüchern, nicht zu Theil geworden.[62])

Ich kann nicht schliessen, ohne hier nochmals zu wiederholen, dass die einzelnen nähern Umstände eines Straffalles massgebend sein werden für die Beurtheilung des Criminalrichters, zumal für die Preussische Strafprozessgesetzgebung, nach welcher der Richter aus lediglich subjectiven, aus dem Verhalten des Angeklagten hergeleiteten Gründen auf das Vorhandensein des objectiven Thatbestandes schliessen kann.[63]) Grade der von der gegentheiligen Beweisführung für unsere Frage vorzüglich hervorgehobene Vorwurf von dem Verwischen der Grenzen zwischen Recht und Moral wird entkräftet durch die ratio legis der Verordnung vom 3. Januar 1849, auf welche gestützt eine verständige Criminalpolitik in jedem einzelnen Falle den übrigens naturgemässen Zusammenhang zwischen Recht und Moral mit Leichtigkeit herzustellen wissen wird.

---

[61]) Haelschner, Anm. 2 zu § 88 S. 358 ff.

[62]) Oppenhoff, St. G. B. § 31 Note 2.

[63]) Oppenhoff, Strafverfahren Note 80 zu § 22. Goltd. Arch. II S. 769.

Verzeichniss der iuristischen Litteratur.

Archiv, Neues, für Criminal-Recht.

Archiv für Preuss. Strafrecht von Goltdammer.

Berner, Grundsätze des Preuss. Strafrechts, Leipzig 1861.

Berner, Lehrb. des deutschen Strafrechts, Leipzig 1863.

Berner, Lehre von der Theilnahme pp., Berlin 1847.

Beseler, Commentar über das Strafgesetzbuch, Leipzig 1851.

Bluhme, System des deutsch. Strafr., Bonn 1865.

d. Boehmer, Meditationes in C. C. C., Halae MDCCLXX.

Feuerbach, Lehrb. des deutsch. Strafr., 14. Aufl. von Mittermaier.

Geib, Lehrbuch des deutsch. Strafrechts, Leipzig 1861.

Haelschner, System des Preuss. Strafr., Bonn 1858.

Heffter, Lehrb. des gem. deutsch. Strafr. 6. Aufl., Braunschweig 1857.

Kleinschrod, system. Entwickelung, Erlangen 1794.

Koch, Commentar zum Allg. Land-Recht, Berlin 1864.

Materialien zum Strafgesetzbuch von Goltdammer, Berlin 1851.

Mittermaier, Ueber den Anfangsp. der Strafbark. von Versuchshandl.
      (N. A. II 4).

Oppenhoff, Strafgesetzbuch, Berlin 1864.

Oppenhoff, Strafverfahren, Berlin 1800.

Otto, Vom Versuch der Verbrechen, Leipzig 1851.

Salchow, peinl. Recht, Halle 1823.

von Savigny, Vom Beruf unserer Zeit zur Gesetzgebung pp., Heidelberg 1814.

Temme, Glossen, Breslau 1853.

Zachariae, Lehre vom Versuch, 2. Bd. 1836. 1839.

Druck von Otto Hilliger in Altwasser.